Début d'une série de documents en couleur

VIE
DE
RENÉ CAILLIÉ

PAR

P.-FÉLIX THOMAS

Professeur agrégé de philosophie, au lycée de Tours

(Extrait de la Revue publiée par la *Société de Géographie de Tours*, juin, juillet et août 1884.)

TOURS
IMPRIMERIE E. ARRAULT ET Cⁱᵉ
6, RUE DE LA PRÉFECTURE, 6

1884

TOURS. — IMPRIMERIE E. ARRAULT ET Cie

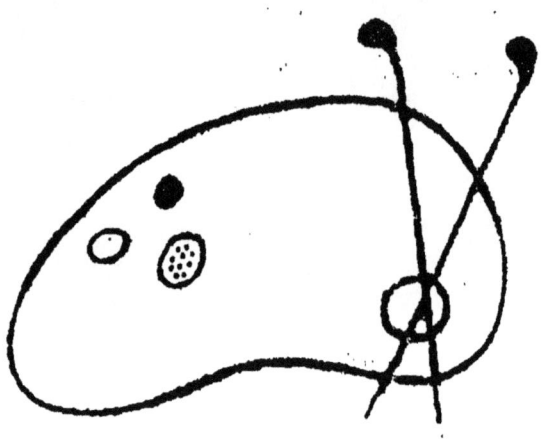

Fin d'une série de documents en couleur

VIE

DE

RENÉ CAILLIÉ

PAR

P.-FÉLIX THOMAS

Professeur agrégé de philosophie, au lycée de Tours

(Extrait de la Revue publiée par la *Société de Géographie de Tours*, juin, juillet et août 1884.)

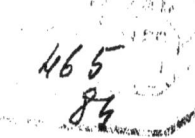

TOURS

IMPRIMERIE E. ARRAULT ET Cⁱᵉ

6, RUE DE LA PRÉFECTURE, 6

1884

VIE DE RENÉ CAILLIÉ

I

Les Français qui ont exploré l'Afrique sont nombreux aujourd'hui, mais il n'en est pas de plus digne d'admiration que René Caillié, ce simple ouvrier qui, par sa persévérance et son héroïque courage, s'est mis au rang des plus illustres voyageurs.

C'est à Mauzé, petite ville du département des Deux-Sèvres, arrosée par le Mignon, que naquit René Caillié, le 19 novembre 1799. Son père, François Caillié, était boulanger ; sans fortune et sans instruction, il bornait toute son ambition à faire de son fils un ouvrier honnête et laborieux qui pût lui succéder. Mais il mourut avant d'avoir réalisé ses projets, de sorte que René qui perdit également sa mère, se trouvant tout jeune encore orphelin, dut accepter l'hospitalité qu'un de ses oncles — son tuteur — voulut bien lui offrir.

Ces premières épreuves eurent sur son caractère une influence considérable. Malgré les bons soins dont on l'entourait dans sa nouvelle famille, il devint grave et réfléchi et comprit vite toute l'importance du travail. Aussi, à l'école communale où son oncle le fit entrer, ne tarda-t-il pas à se distinguer par son assiduité et son attention soutenue, non moins que par la vivacité de son esprit. L'enseignement qu'il recevait était malheureusement des plus élémentaires : on apprenait aux élèves à lire, à écrire, un peu à compter, et c'est à cela que se bornait le bagage scientifique et littéraire des plus savants, lorsqu'ils quittaient leur maître.

— René Caillié n'avait que onze ans quand on l'obligea à prendre un métier : Il entra comme apprenti chez un cordonnier du voisinage. — Il eût été difficile d'aller plus directement contre ses goûts et son caractère. René aimait passionnément l'étude et maintenant il lui faudrait s'enfermer de longues heures chaque jour pour battre le cuir et pousser l'alène. Ce qui pourtant le consola un peu, c'est que dans l'atelier les visites étaient fréquentes. Presque chaque soir, la classe terminée, son vieil instituteur venait s'asseoir auprès de l'établi et causer avec eux. Comme il était encore le plus instruit du village, sa conversation les charmait. Il se plaisait à raconter les exploits merveilleux des preux du moyen âge, puis les voyages célèbres de Cook et de Lapérouse. Plus d'une fois, pendant ces récits, le maître de l'atelier devait rappeler au travail son jeune ouvrier. Tout entier à ce qu'il entendait, l'imagination en feu, il oubliait sa tâche et rêvait d'excursions et de combats.

La lecture achevait l'œuvre commencée par l'instituteur. Pendant ses heures de liberté, René parcourait tous les livres qu'il pouvait se procurer. Il en est un principalement qui laissa dans son esprit une impression ineffaçable et qui peut-être détermina sa vocation : C'est *Robinson Crusoë*. Les aventures que Daniel Foë raconte d'une manière si vivante le fascinaient. Il admirait avec quelle prudence Robinson savait écarter tous les dangers, dans son île déserte ; avec quelle industrie merveilleuse il subvenait à ses besoins, façonnait les objets de première utilité et se procurait la nourriture et les vêtements indispensables. Il s'identifiait tellement avec son héros qu'il tremblait pour lui au moindre péril, se réjouissait à la moindre victoire.

« Je brûlais, nous raconte-t-il plus tard, en se rappelant ses lectures, d'avoir des aventures ; déjà même je sentais naître dans mon cœur l'ambition de me signaler par quelque découverte importante. »

Ce qui n'était qu'une idée vague au début, devint peu à peu la préoccupation constante de Caillié en qui grandissait de plus en plus la passion des voyages. Bientôt les légendes et les contes merveilleux ne lui suffisent plus, il s'entoure d'ouvrages de géographie et de cartes ; grâce au bienveillant concours de l'instituteur qui lui donne toujours des conseils et lui confie tous les livres qu'il possède, il travaille avec méthode et sans relâche. Toutefois, la carte de l'Afrique où il ne voyait que des pays déserts ou marqués inconnus, excitait spécialement sa curiosité. S'il visitait ces contrées pour en découvrir les richesses; s'il facilitait les rapports commerciaux entre l'Afrique et la France, quel service ne rendrait-il pas ainsi ? Cette pensée agit si puissamment sur lui qu'il cesse de prendre part aux jeux et aux amusements de son âge, et ne fait que songer aux moyens de réaliser son rêve. La première difficulté qui se dresse devant lui est sa pauvreté ! Eh bien ! il travaillera avec plus d'ardeur pour se créer des ressources. Nulle privation ne l'effraie, et il refuse de parti-pris toutes les distractions qu'on lui offre.

Un fait, qu'aime à raconter encore un de ses vieux amis d'enfance, nous montre bien quelle était déjà son énergie :

Un jour, il y avait à Niort grande fête publique, et les habitants des campagnes voisines faisaient joyeusement leurs préparatifs pour s'y rendre. Tous les jeunes gens de Mauzé, heureux de se réunir et d'aller ensemble à la « ville », ont enfin arraché à René la promesse de les accompagner. Mais, quand tout est prêt, quand ses amis sont à la porte, un scrupule l'arrête : que de dépenses il fera et quel argent inutilement gaspillé au préjudice de son voyage ! — Ses amis durent partir seuls, et il resta la journée entière auprès de ses livres favoris.

A seize ans, René avait réalisé 60 francs d'économies, Dieu sait au prix de quels sacrifices ! Cette somme était bien minime sans doute, mais il se disait que le plus difficile serait moins de payer son passage sur le bateau, que de trouver à s'embarquer. Son plan bien arrêté, il fait donc part à son oncle de ses projets. On comprend quel accueil il reçut : Son oncle qui l'affectionnait beaucoup, lui peignit avec force les dangers qu'il courrait sur mer et dans des pays inconnus, les regrets qu'il éprouverait loin de sa famille et de ses amis : rien ne fut négligé pour le détourner de sa folle entreprise. Mais sa résolution était irrévocable ; il insista de nouveau pour partir et on ne s'y opposa plus.

II

En possession de ses 60 francs, pour tout bien, René Caillié quitte un matin Mauzé afin de se rendre à Rochefort où se trouvaient presque toujours des navires en partance pour l'Afrique. Comme il l'espérait, il obtint de s'embarquer sur la gabare *la Loire*, bâtiment de commerce qui chargeait pour le Sénégal et marchait de conserve avec la *Méduse*. Il arriva sans accident dans la rade de Saint-Louis ; c'est alors qu'il apprit que la *Méduse*, si tristement célèbre dans les annales de la marine, avait fait naufrage pendant la traversée. Cette dure leçon que lui donnait l'expérience le fit réfléchir sérieusement aux périls qu'il allait affronter, et aux conseils qu'on lui avait prodigués au départ. L'Afrique n'était point, comme elle l'est aujourd'hui, bordée d'établissements coloniaux où l'on est toujours sûr de trouver aide et protection : Peu de voyageurs s'étaient aventurés dans ses déserts, de sorte qu'on n'avait pour s'y guider que de faibles et insuffisantes indications. Enfin, on devait être prêt à tout braver : la maladie, le soleil brûlant, la mort elle-même si effroyable dans la solitude. Il fallait être armé et contre la nature et contre les hommes, « même contre les hommes de sa suite, car souvent ceux que le voyageur a pris pour le sauvegarder l'attaquent par derrière ; dès qu'il faiblit, on l'abandonne ; s'il hésite un moment, il est perdu ».

Cependant le courage de Caillié ne fut point ébranlé. Ces réflexions contribuèrent seulement à le rendre prudent et circonspect. Il comprit que sa première préoccupation devait être de s'initier le plus possible aux mœurs, à la religion et à la langue des habitants de ces pays, et c'est à quoi il consacra ses loisirs pendant le peu de temps qu'il séjourna à Saint-Louis.

Il attendait pour quitter cette ville une occasion favorable, quand il apprend que l'Angleterre avait formé pour l'Afrique une expédition dont le commandement avait été confié au major Gray.

A cette nouvelle, Caillié ne doute pas un instant que le major ayant besoin de compagnons dévoués n'accueille bien l'offre de ses services. Il part donc aussitôt, décidé à aller rejoindre à pied le corps de l'expédition qui se trouvait dans la Gambie.

De cette première excursion datent ses premières épreuves sérieuses. « Je ne puis exprimer, dit-il, la fatigue que j'éprouvai pendant ce voyage sous le poids d'une chaleur accablante, marchant sur un sable brûlant et presque mouvant. Si du moins j'avais eu un peu d'eau douce pour apaiser la soif qui me dévorait; mais on n'en trouve qu'à quelque distance de la mer, et, pour marcher sur un terrain solide, nous étions forcés de ne pas quitter la plage. » Quand il arrive à Dakar, petit village de la presqu'île du Cap-Vert, il est profondément attristé en sentant qu'il lui est impossible de rejoindre « le Major ». Il craint un instant que ses efforts ne soient perdus.

Forcé alors de changer d'itinéraire, il prend passage sur un canot qui le conduit à Gorée d'où il repart bientôt pour la Guadeloupe.

Un emploi qu'il obtient dans cette île, grâce à la puissante recommandation de M. Gavot, lui permit de faire de nouveau quelques économies et de compléter un peu son instruction, lorsque les ouvrages de Mungo-Park, que le hasard mit entre ses mains, vinrent heureusement réveiller en lui toutes les émotions qu'avait fait naître autrefois *Robinson Crusoë*. Sa santé, épuisée par son dernier voyage, s'était en outre améliorée ; les deux années qu'il avait passées dans ces contrées l'avaient habitué au climat. Il se reprend donc à espérer et se dispose à regagner le Sénégal.

Il débarque pour la seconde fois à Saint-Louis à la fin de 1818, peu riche, il est vrai, car toutes les tentatives inutiles qu'il avait faites, avaient diminué ses ressources; mais plus enthousiaste que jamais.

Une heureuse nouvelle qu'il apprend à son arrivée met le comble à sa joie. M. Partarrieu qui se trouvait dans cette ville, se disposait à aller rejoindre l'expédition du major Gray. Caillié sollicite immédiatement la faveur de le suivre et l'obtient. Il a oublié tous les maux de son premier voyage; il ne voit que le but qu'il s'est proposé dès sa jeunesse.

Voici la caravane en marche : D'abord bien accueillie, elle se trouve aux prises, quelques jours après son départ, avec des obstacles surhumains. Pendant cinq jours, il fallut traverser un désert sans eau ; les souffrances causées par la soif et la fatigue décimaient de plus en plus leur troupe. « On m'a dit depuis, écrit René Caillié, que j'avais les yeux hagards, que j'étais haletant, que ma langue pendait hors de ma bouche ; pour moi, je me rappelle qu'à chaque halte je tombais par terre, épuisé, et n'ayant pas même la force de manger. »

Puis, c'était l'hostilité des Africains qui mettait à chaque instant leur vie en danger. Arrivé à Bakel, Caillié était tellement exténué par les privations et par la fièvre, qu'il dut encore renoncer à son entreprise pour revenir à Saint-Louis.

Sa convalescence fut si longue, son mal si violent, qu'il ne vit pour se rétablir d'autre moyen que de retourner en France. Sur les conseils de ses amis, il partit pour Lorient.

III

Toutes ces épreuves, tous ces efforts deux fois déjà rendus impuissants par des forces insurmontables, auraient évidemment suffi à calmer les plus ardents et à détourner de leurs projets les plus braves. Il semble cependant que la résolution de Caillié n'en devienne que plus énergique. En France, il rêve des pays étrangers. En vain on l'engage à ne plus s'éloigner ; obéir à ces conseils de la prudence lui semblait une désertion et une lâcheté.

— Aussi, à peine est-il guéri qu'il s'embarque de nouveau pour le Sénégal. Il est assez heureux pour se faire agréer à Saint-Louis comme employé dans les bureaux de la direction de l'artillerie. Peu après, il laisse cet emploi qu'il ne jugeait point assez lucratif pour entreprendre aux Antilles, au compte d'une maison de commerce de Bordeaux, plusieurs voyages qui lui permirent de réaliser de beaux bénéfices. Mais pendant ce temps-là, « je n'ai pas besoin de dire, écrit-il, qu'au fond du cœur je nourrissais toujours mon projet de visiter l'intérieur de l'Afrique : il semblait même qu'aucun obstacle ne pouvait plus m'arrêter, en voyant surtout à la tête de la colonie M. le baron Roger dont la philanthropie et l'esprit éclairé promettaient un protecteur de toutes les entreprises grandes et utiles ».

C'est pourquoi, plein de confiance, il renonce au commerce et vient solliciter de M. Roger l'autorisation de voyager avec l'appui et sous les auspices du gouvernement. Tant de courage et de persévérance frappèrent vivement l'esprit du gouverneur ; après avoir fait à René Caillié les plus sages recommandations, il lui accorda quelques marchandises pour aller vivre chez les Braknas.

C'est ici que commence alors vraiment l'expédition célèbre qui devait illustrer notre voyageur.

En se rendant chez les Braknas, pour y séjourner, Caillié réalisait la première partie du plan qu'il s'était tracé. Il savait, par l'expérience qu'il avait si chèrement payée combien il importait de se familiariser avec les principaux dialectes des tribus de l'Islam qu'il comptait visiter, et avec les pratiques de sa religion. Depuis longtemps déjà il recueillait avec soin tous les renseignements possibles sur l'Afrique, mais il sentait que sa science était trop superficielle. Chez les Braknas, il pourrait la compléter. Toutefois, se faire assez bien accueillir d'eux, pour pouvoir, sans danger, vivre en leur compagnie, était chose difficile. — Non moins difficile était l'entreprise de se façonner à leurs pratiques religieuses, et de s'habituer à leur régime si différent de celui des Européens. Si son titre de chrétien était seulement soupçonné, on le chasserait avec mépris, ou on le mettrait à mort. Pour tourner la difficulté, voici la fable qu'il inventa :

« Il était, disait-il, un enfant de la France, envoyé à Saint-Louis, par son patron, pour apprendre le commerce, lorsqu'un jour un exemplaire du Coran lui était tombé sous la main. Ébloui de la beauté de la morale de ce livre, il avait conçu la pensée d'embrasser l'Islamisme. C'est dans ce but qu'il venait, dans la tribu, demander l'initiation à ce culte qui avait séduit son âme, afin de pouvoir vivre en bon musulman. »

Généralement acceptée comme vraie, cette fable permit au nouveau néophyte d'observer et de s'instruire sans trop de danger.

Dès qu'il se crut suffisamment sûr de lui-même, il quitta le pays des Braknas et revint à Saint-Louis pour solliciter quelques secours. Les raisons qu'il fit valoir lui paraissaient toutes puissantes. Visiter les régions inexplorées de l'Afrique, n'était-ce pas ouvrir au commerce d'importants débouchés et servir la cause de la civilisation ? C'est là ce que comprenaient les Anglais, toujours si pratiques, et qui, pour atteindre ce but, ne reculaient devant aucun sacrifice. Or, Caillié ne voulait pas que l'honneur de ces découvertes revînt à des étrangers. — Sa demande si patriotique et si légitime est cependant repoussée, de sorte que, après tant d'efforts, ses espérances déçues, il reste sans ressources ;

c'est pourquoi, à demi vaincu par ces revers, il est contraint, pour vivre, de solliciter un emploi de surveillant dans une indigoterie du Sénégal. Les événements ne tardèrent pas heureusement à lui devenir plus favorables.

Un jour qu'il se trouvait dans le cabinet du gouverneur, il apprit, par une brochure ouverte sur la table, que la société de géographie de France offrait un prix de 10,000 francs au premier voyageur qui pénétrerait à Tombouctou. Ce fut là une révélation ! Pénétrer à Tombouctou, n'était-ce pas le rêve qu'il avait toujours caressé ? Il savait tout ce que rapportait la légende sur cette ville merveilleuse. Historiens, géographes, poètes avaient peuplé cette cité de toutes les richesses de leur imagination. C'était « la Babylone du désert, une Bagdad étincelante de splendeurs ». Dans ses palais étaient accumulées toutes les richesses de l'Orient, et il lui serait donné, à lui, de voir tout cela ! Son désir de partir renait aussitôt plus ardent : on lui refuse des secours? Il se suffira à lui-même et sa gloire n'en sera que plus grande. Il se félicite même d'avoir échoué dans ses premières tentatives et de n'avoir pu rejoindre le major Gray, car ainsi il ne devra rien qu'à ses propres efforts. Le prix qu'on offre au vainqueur, il le remportera et, s'il ne lui est pas donné d'en jouir, du moins sa sœur, dont il garde le plus touchant souvenir, pourra en bénéficier, et cela lui semble déjà une assez belle récompense. Aussitôt donc il se met à l'œuvre : Afin de se procurer la somme qu'il croit lui être nécessaire, il se fait agréer par une colonie anglaise du voisinage, la *Gambie*, comme directeur d'une fabrique d'indigo. En deux années, il économise 2,000 francs ; enfin le 22 mars 1827, refusant obstinément les offres d'emplois lucratifs qui lui sont faites, il part, « heureux d'entreprendre le voyage après lequel il soupirait depuis si longtemps ! »

IV

Comme un simple fakir, il s'unit à une caravane qui se dirigeait vers Tombouctou par le haut des Dhioliba. En ne passant ainsi ni par le Nord, ni par le Centre, comme plusieurs explorateurs l'avaient tenté déjà, il espérait échapper aux peuplades réputées les plus redoutables, notamment à l'almamy de Timbo très dur pour les Européens. Les richesses qu'il emportait avec lui consistaient en corail, mouchoirs, couteaux, ciseaux ; en verroteries, poudre, tabac, papier, miroirs et autres menus objets, enfin en un parapluie dont on verra bientôt les services considérables. Il était sûr, grâce à ces objets, d'être assez bien traité par les indigènes. Si les habitants de ces pays, en effet, considèrent comme une insulte le paiement de l'hospitalité qu'ils nous offrent, ils acceptent avec joie les cadeaux qu'on leur fait. Celui qui ne se soumettrait point à cet usage, serait exposé à se faire mépriser et chasser honteusement.

Mais avant de songer aux tribus qu'il allait visiter, l'important pour Caillié était de gagner la confiance de ses nouveaux compagnons de voyage. Il savait que c'est souvent au milieu de ses compagnons et de ses guides que le voyageur rencontre ses plus dangereux ennemis. Plus que jamais il était urgent de dissimuler sa qualité de chrétien. Aussi, craignant que la fable qui l'avait bien servi chez les Bracknas ne fut pas assez vraisemblable, il en inventa une nouvelle.

Il racontait que « né en Egypte, il avait été emmené par des Français de l'expédition de Bonaparte, et, plus tard, conduit par son maître au Sénégal où il était devenu libre. Maintenant, il voulait retourner en Egypte pour y retrouver sa famille et sa religion. »

Par ce nouveau stratagème, il se concilia la bienveillance des Mandingues, et sa fidélité à remplir les prescriptions du Coran écartait tout soupçon. Néanmoins ayant été deux fois trahi par ses compagnons, il crut prudent de quitter la caravane et de s'embarquer seul pour Kakondy sur le Rio-Nûnez. Aux marchandises qu'on ne lui avait point soustraites, il avait ajouté quelques médicaments tels que du calomel, du sulfate de quinine, du nitrate d'argent etc... Il lui restait en outre 300 francs de ses économies.

A Kakondy, les négociants anglais et français et surtout l'un de nos compatriotes, M. Castagnet, lui témoignèrent la plus grande bienveillance, et lui fournirent sur la route à suivre d'utiles indications.

Ce fut le 19 avril 1827 qu'il reprit son voyage avec une petite troupe composée de 12 personnes, cinq Mandingues, trois esclaves, son porteur Foulah et un guide avec sa femme. Pour que son expédition fut vraiment utile, Caillié s'efforçait de recueillir sur les pays qu'il traversait et sur les mœurs des Africains les renseignements les plus précis. Cette tâche était d'autant plus difficile à remplir que son instruction était fort élémentaire ; en second lieu, par prudence, il avait été obligé de n'emporter avec lui que l'indispensable. Tous les instruments de précision, nécessaires au voyageur pour bien se rendre compte de la position et de l'étendue des contrées, lui faisaient défaut. Il n'avait à sa disposition que deux boussoles de poche, un bâton de 1 mètre de longueur, 2 ou 3 cordons avec un fil à plomb, du papier, et des crayons. Grâce à la boussole il pouvait savoir, pendant le jour, dans quelle direction il se trouvait ; pendant la nuit, il s'orientait au moyen des étoiles. Quant aux distances, il s'était habitué à les évaluer en marchant. Les observations que put recueillir ainsi René Caillié étaient si rigoureuses qu'un savant français, M. Jomard, dressa, avec elles seules, la carte des pays explorés par le voyageur, et retraça tout son itinéraire ; ce qui nous permet de le suivre pour ainsi dire jour par jour et pas à pas à travers le désert.

Mais pour prendre ces notes, que de précautions ne fallait-il pas? Obligé de les cacher aux regards soupçonneux de ses compagnons, Caillié ne les écrivait qu'en tremblant et pour ainsi dire en courant. « Elles fussent devenues contre moi, nous dit-il, une pièce de conviction inexorable si j'avais été surpris traçant des caractères étrangers et dévoilant aux blancs les mystères de ces contrées. Je portais toujours dans mon sac, ajoute-t-il, mon arrêt de mort et combien de fois ce sac a dû être confié à des mains ennemies ! »

Pour tromper la surveillance dont il était l'objet, il avait toujours avec lui des feuillets du Coran imprimés en Arabe, derrière lesquels était placé du papier blanc. Dès que le moment lui semblait propice, il s'écartait un peu de la caravane pour entrer dans un bois, ou se cacher derrière un buisson, un rocher, un arbre. C'est là qu'il écrivait en toute hâte. Se voyait-il épié, s'approchait-on de son côté, il retournait aussitôt son feuillet et semblait abîmé dans la méditation du Coran.

Malgré ces ruses, il eut fort à souffrir pendant la route à travers les pays d'Irnanké et du Foutah-Djalo. On le regarde avec défiance, on lui inflige toutes sortes de vexations. Dans la ville de Kankan on l'accuse même ouvertement d'être chrétien, suprême injure ! On pille sa case, on le dépouille d'une partie de ses marchandises et de ses effets. Par bonheur, on le croit médecin, et comme la maladie sévissait très fort dans la contrée, les malades lui sauvèrent la vie. Enfin, il put se remettre en route, horriblement torturé par une plaie qu'il avait au pied, et c'est ainsi qu'il arriva le 3 août à Timé, où l'attendait une épreuve terrible.

Dès que Caillié est dans cette ville, la fièvre s'empare de lui et le met dans l'impossibilité de continuer sa route. Couché dans une demeure humide et malsaine, il voit sa plaie prendre un caractère de plus en plus alarmant. Il serait mort sans les soins affectueux et presque maternels d'une bonne vieille négresse qui le traita comme son fils. Après 28 jours, passés dans cet état, comme il se sentait un peu plus fort, il songeait à repartir ; mais il découvrit alors qu'il était atteint du scorbut. Cette maladie qui est une des plus douloureuses, fait vite de rapides progrès : Ses dents tombent, son palais se déchire, les os s'en détachent. Vingt fois par jour il appelait la mort à son aide !

Cette captivité dura cinq mois.

V

Avec les forces et la santé, Caillié sent renaître son courage. Le 9 janvier 1828, il dit adieu à ses hôtes et il se joint à une caravane qui part pour Jenné. Il séjourna treize jours dans cette ville et il eut la bonne fortune de s'en concilier le chérif dans des circonstances vraiment singulières.

Au milieu de tous ses revers, Caillié avait conservé son

parapluie. Nul autre objet n'avait autant excité la curiosité des Africains qui admiraient, comme prodigieuse, sa double utilité contre la pluie et contre les ardeurs du soleil. Le chérif émerveillé, pria le voyageur de lui accorder cet objet. Bien qu'il l'eût souvent refusé déjà, Caillié crut devoir céder dans cette circonstance. Le prince s'en montra si satisfait qu'il lui promit et lui accorda sa protection ; il lui délivra même pour Tombouctou une lettre de recommandation qui lui rendit grand service et lui valut peut-être d'avoir la vie sauve. Jamais parapluie n'avait été aussi utile.

Ce fut le 20 avril 1828 que René Caillié aperçut enfin la ville tant cherchée ! Il faut renoncer à dépeindre la joie du voyageur : son rêve allait être réalisé ! Cette cité si célèbre, il allait pouvoir l'étudier et la décrire ! Mais quelle désillusion lui était réservée ! La ville qu'il a maintenant sous les yeux, dont il foule le sol, n'a rien qui réponde aux descriptions qu'il en a lues. Point de palais féériques, de monuments somptueux, de foule compacte et animée : La plupart des maisons sont en terre ou en brique : mal tenues, peu confortables, elles présentent le plus triste aspect. Ça et là seulement quelques demeures un peu plus spacieuses, des mosquées avec des minarets, des magasins où se trouvent des marchandises de l'Europe : C'est tout au plus, par l'importance, une petite ville de France : on ne pouvait être ébloui.

Caillié se rend aussitôt auprès du négociant auquel le chérif de Jenné l'avait recommandé. On lui offrit la plus généreuse hospitalité et, par une coïncidence singulière, la demeure qu'il habita était voisine de celle où avait habité le major Ling. Avant lui, en effet, le major avait visité Tombouctou, mais trahi par les événements ou mal servi par sa prudence, il avait été assassiné en regagnant sa patrie. Triste présage pour ses successeurs ! La pensée qu'un sort pareil le menaçait chaque jour, ne fit cependant point faiblir Caillié ;

seulement elle le rendit plus circonspect. Au lieu de parcourir la ville avec le costume de son pays, comme le faisait le major, il porte toujours son costume arabe. Au lieu de prendre ses notes en présence des habitants comme pour les braver, il dissimule le plus possible et sa nationalité et son dessein. S'il se glisse dans les édifices publics, c'est en musulman fervent, en Arabe désireux de connaître la grande cité. Sans cesse fidèle au plan qu'il s'est tracé, il s'enveloppe dans son capuchon lorsqu'il entre dans une mosquée, un chapelet et le Coran à la main. N'est-il point aperçu, aussitôt il dessine tout ce qui lui paraît digne d'attention, retournant le feuillet à la moindre alerte. Il imagina même pour observer plus commodément, de gravir, comme les pieux marabouts, l'escalier qui conduit au minaret des mosquées. De là il pouvait dominer et voir tout Tombouctou. Quand il eut ainsi fait une ample moisson de renseignements il se disposa à revenir en Europe par le chemin opposé à celui qu'il avait suivi. Le 4 mai il se met donc à la suite d'une caravane qui quittait la ville, heureux des richesses qu'il emportait.

Cependant René Caillié qui était essentiellement droit et honnête, qui était en outre un chrétien fervent, souffrait dans sa conscience de se voir réduit à feindre sans cesse: Il nous raconte lui-même d'une façon touchante et naïve quels étaient ses regrets, chaque fois qu'il lui fallait jouer le rôle qu'il avait accepté. Il priait Dieu de lui pardonner tous les subterfuges dont il usait dans le seul intérêt de la science et de la civilisation.

Son voyage de Tombouctou en France est rempli d'épreuves indescriptibles. Si le premier trajet qu'il a fait a été périlleux, celui qu'il entreprend maintenant l'est encore davantage. La caravane est peu éloignée de Tombouctou et déjà la végétation disparaît. A peine çà et là quelques plantes sèches et rabougries : sous les pieds une mer de sable dont le vent soulève les vagues. Il faut, en ouvrant la bouche pour respirer, veiller à ce que la poussière ne vous suffoque pas. Les puits deviennent de plus en plus rares et quand on arrive auprès d'eux, il faut encore les déblayer. Les esclaves eux-mêmes et les Maures rompus cependant aux fatigues de ces climats, sont épuisés. Ajoutez à cela les vexations indignes auxquelles le voyageur est en butte. Le guide de René Caillié, Sidy-Aly, homme faux et hypocrite, non seulement ne lui accorde pas la protection qu'il lui a promise, mais encore il excite sournoisement les nègres contre lui. A El-Araouân, où il espérait trouver des secours, il n'obtient qu'un peu d'eau saumâtre et chaude qui excite sa soif au lieu de l'apaiser. Il en est de même à Mouret. Et tout cela pourtant n'est que le prélude de leurs maux !

On approche du grand désert ! A l'aspect de cette immense étendue de sable, écrit Caillié, tout semble frappé de stupeur. Les chameaux poussent de longs mugissements ; les esclaves deviennent mornes et paraissent regretter plus amèrement le pays d'où les arrache la barbarie. Les Maures sont pensifs et inquiets. Une chaleur atroce pèse sur eux; ils sont torturés par la soif. Une soif intense, inextinguible. Caillié, bien qu'endurci à la fatigue, sentant sa bouche en feu, sa langue collée au palais, va, le chapelet à la main, implorer, de tente en tente, au nom de Dieu et de son prophète, quelques gouttes d'eau, car la faible ration qu'on leur en donne est plus qu'insuffisante. Des malheureux esclaves sont même obligés de se désaltérer avec celle qui a servi à panser les plaies des animaux. Enfin, si terribles sont les souffrances, que des voyageurs tuent exprès un chameau pour se partager l'eau contenue dans son estomac.

Il y a cependant des puits au milieu du Sahara ; mais souvent on s'égare ; il faut pour les retrouver des recherches longues et pénibles. Aussi tous ces ennuis aigrissent les esprits et Caillié plus que tout autre en est la victime. On persiste à le prendre pour un chrétien. « Tu vois bien cet esclave, lui répètent souvent les Maures avec mépris, eh bien ! Je le préfère à toi : Juge combien je t'estime ! » Des misérables en arrivent même jusqu'à supputer le bénéfice qu'il leur rapporterait, s'il était vendu comme esclave chrétien.

Une pensée fortifiante cependant le soutenait au milieu de ces revers : Il songeait à sa patrie, à ses parents, à ses amis et il se disait qu'avec l'aide de Dieu il réussirait. « Cette pensée l'électrisait et souvent pendant que la tristesse régnait sur les visages, le sien rayonnait d'espérance et de joie. »

Après 70 jours de marche, il entre sur le territoire de Drah et d'El-Harib où il put étudier les mœurs des Berbers ; puis, il franchit un des cols de l'Atlas, entre à Fez, l'ancienne capitale du Maroc et, tournant alors brusquement à l'Ouest, il gagne Méquinez, Rabat et enfin Tanger.

VI

René Caillié, touchait au terme de ses épreuves. Ne pouvant encore, sans éveiller de soupçons, demander directement l'adresse de notre agent consulaire, il se rend à l'hôtel de la résidence anglaise où par habileté il parvient à connaître ce qu'il désire. Aussitôt, bien que couvert de haillons, il se dirige vers la demeure du Consul dont la porte heureusement est ouverte ; il s'y glisse, en se cachant, de peur d'être aperçu et d'être honteusement chassé, lorsqu'il a le bonheur de rencontrer M. Delaporte lui-même, homme de cœur et sincèrement dévoué à la France.

Dès que M. Delaporte reconnaît un Français sous le manteau d'un mendiant, il l'embrasse avec effusion. La joie du Consul éclate jusque dans la lettre qu'il adresse quelques jours plus tard à l'Institut pour annoncer l'heureuse nouvelle. « M. Caillié, écrit-il, a traversé l'Afrique en mendiant ; il s'est jeté tel à ma porte ; mais je l'ai relevé ; je lui ai donné tous les soins possibles et je me crois heureux d'avoir été le premier Français qui l'ait embrassé. »

Quand M. Delaporte se fut fait raconter en détail le voyage de son compatriote, il lui traça la conduite qu'il devait tenir pour conjurer tout danger pendant son séjour à Tanger. En même temps, il écrivit au commandant de notre station à Cadix afin d'avoir un bâtiment qui reconduisit en France son voyageur.

C'est le 28 que Caillié s'embarqua sur la Goëlette, et le 8 octobre qu'il arriva à Toulon, épuisé, il est vrai, par les fatigues et la fièvre, mais joyeux d'apporter à sa patrie le tribut d'une glorieuse découverte.

La société de géographie lui décerna avec les plus grands honneurs le prix de 10,000 francs.

VII

Si la persévérance et le courage de René Caillié méritent notre admiration ; si, en nous faisant connaître des pays dont les richesses peuvent nous être fort utiles, et en rendant plus facile la tâche des autres explorateurs, il a acquis des droits à notre reconnaissance ; il a su se concilier l'estime et le respect de ses concitoyens par la manière simple et modeste dont il a joui de son succès. Loin de s'enorgueillir des honneurs qu'on lui décerne et des félicitations des savants ; loin de songer « à exploiter pendant sa vie entière — comme tant d'autres l'auraient fait — un succès romanesque et à poser comme un héros d'aventures », il rentre aussitôt dans la vie privée, se condamnant volontairement au rôle le plus effacé. Après avoir mis en ordre et publié les notes qu'il avait prises pendant son voyage, il achète une petite propriété à Beurlay, dans le département de la Charente-Inférieure ; propriété qu'il échangea plus tard contre celle de La Badère. Puis, il se remet avec courage au travail, conduisant lui-même la charrue, apportant à l'exploitation de ses champs autant d'ardeur qu'il en avait mis à explorer l'Afrique. Le succès ne pouvait manquer de répondre à ses efforts : Sa propriété s'améliore, l'estime de ses concitoyens va grandissant et il semble qu'il est d'autant plus admiré qu'il cherche moins à l'être.

De temps à autre, cependant, son instinct des voyages se

reveillait ! Il rêvait encore des contrées qu'il avait parcourues. Il écrivait à ses anciens protecteurs pour leur parler de ses nouveaux projets. Il aurait voulu mettre à profit l'expérience qu'il avait acquise pour aller à Bamako, afin d'étudier cette riche contrée ; puis aux mines de Bouré dont nos possessions auraient pu retirer d'immenses fortunes. Mais sa famille le retenait et ses forces allaient s'affaiblissant toujours davantage. Il était fréquemment en proie à la fièvre et à de violents accès nerveux. La paralysie vint accroître toutes ces souffrances. Enfin, une crise plus forte l'arracha à sa famille et à son pays le 17 mai 1838 (1).

---

(1) Plusieurs monuments ont été élevés à la mémoire de René Caillié, dont deux en France, l'un à Mauzé, son lieu de naissance, l'autre à Pont-l'Abbé ou il fut enterré suivant son désir. Une plaque commémorative a été également placée, en son honneur, dans l'enceinte du lycée de Niort.

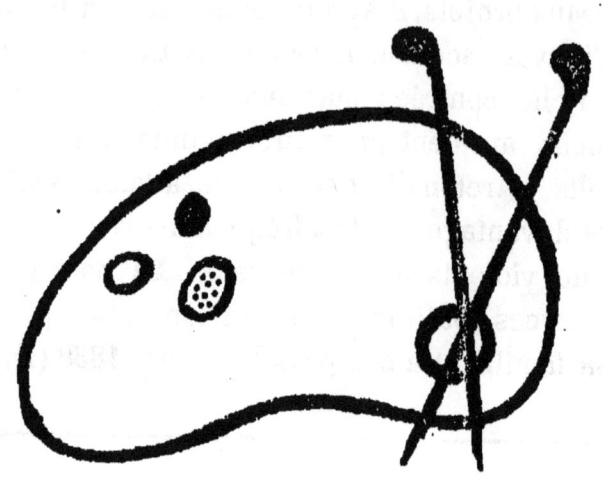

Original en couleur

NF Z 43-120-B

www.ingramcontent.com/pod-product-compliance
Lightning Source LLC
Chambersburg PA
CBHW060637050426
42451CB00012B/2650